Early [illegible]g

Una mattina presto

Alan Baker
Rebecca Forster

Italian translation by Rebecca Forster and Marco Magrini

Leafe Press

Published by Leafe Press
Nottingham, England.
www.leafepresspoetry.com

ISBN: 978-1-7397213-9-8

CONTENTS

For Marco

Sleep may come, like a wash of colour

Per Marco

Il sonno vuole arrivare, come una distesa di colore

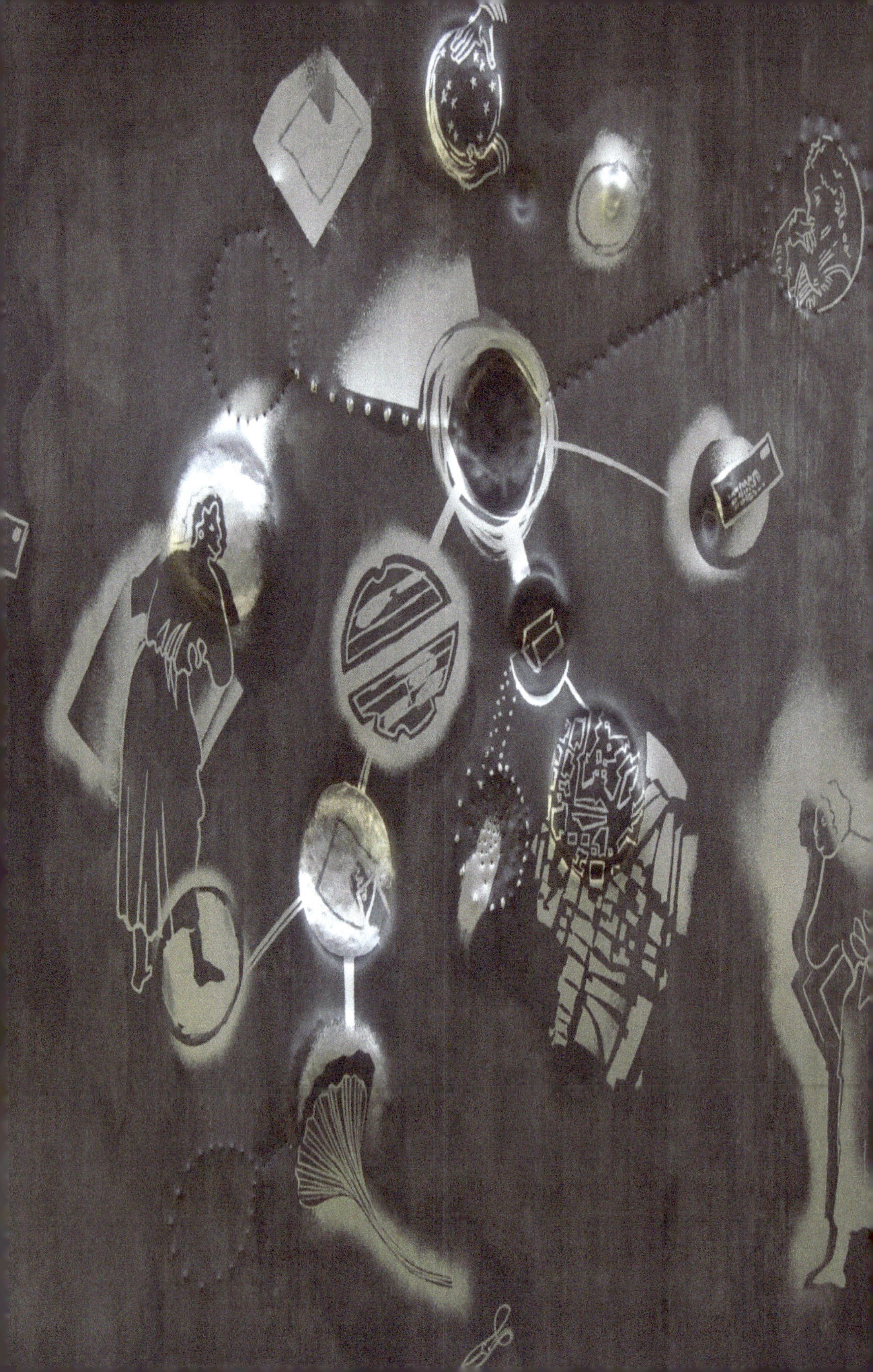

EARLY ONE MORNING

A companion text to the work of Rebecca Forster

As I walked out one May morning, I knew that some earthly goddess, some tattooed Beatrice might be my guide. We absolutely loved the little back streets that led up to the railway station and just opposite we had the best pizza we both had ever tasted. But oh, that Harpy! She led us among The Lost People, to places which, for sure, would invalidate our travel insurance. The city was dirty, trash everywhere. Graffiti on everything including castles 2,000 plus years old. Very confusing place and difficult to navigate... What a letdown! Avoid this city if you can! And yet, among the complex techniques of collage, etched and beaten brass, we find a way beneath the streets. The inner cloisters reveal the remains of a Roman dwelling, a section of the original city walls and a medieval polygonal tower. Greek vases! Golden rings from the Middle Ages! Leave your review on Trip Advisor. And wake in your Airbnb to the cry of hawkers and the sound of hammered metal in the street below.

As I went out one morning I saw drawings and sculptures made in paper, a palimpsest underwritten by an archaic map of the Polis. Within the city walls the cartographer is expending acres of paper, lakes of ink to show us libraries full of the written world. Where the maps will lead us, what levels of elevation and valleys open to the invasion of blue, what silences where the call -and-response of citizenry might be expected, who can say? The conversation of the non-human and the lassitude of the winds are there. She gives us maps, stories and ways of needing the dead. Look outside; steam is rising from the roof-tiles as frost melts in the sun. A figure from a Greek vase, map in hand, goes off hunting for Nadia's pasta, the Roman site, a Romanesque church or a cup of coffee.

A bird of prey with a woman's face. Look at her! She's the spirit of sudden, sharp gusts of wind, of mysterious disappearances. Harping on about nothing again! She will insist on telling her story, and that of all her kind. One day, when the sea delivered up a fish of strange colours and dimensions, she knew the world would never be the same again. And so it proved. In the beginning was the frost, feathery and real in fog that froze the sparrows on their perches and locked the city in a ghostly grid. In winter, I feel more in touch with the universe. Please supply me with a house to keep the universe in. Build it with paper, zinc, sprayed paint and pencil. People it with friendly ghosts and infinite distance.

la lettura
milano e dintorni
2015
tutto milano

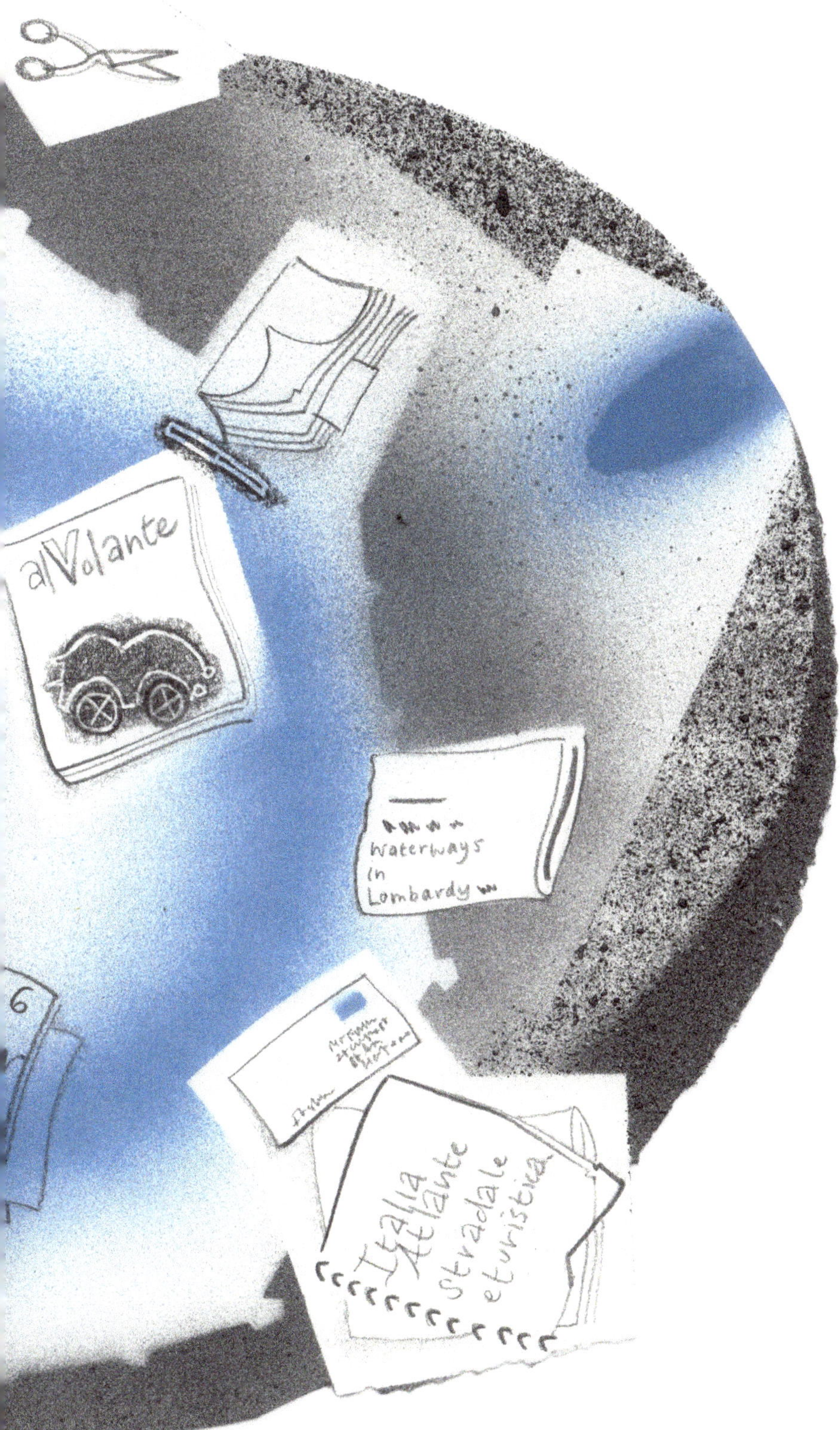
alVolante
Waterways in Lombardy
Italia Atlante stradale e turistica

As I walked out on a midsummer morning, to view the fields and to take the air, who should I meet but a medieval harpy, a Dürer drawing, a map and a hat. They say the troubadours adapted the songs of the Arabic minstrels of North Africa and Moorish Spain, and from them learned the beauty of the common tongue, *vulgari eloquentia*, spoken by goatsherd and king. And suddenly a sheet of drawing paper, cut and folded, becomes a sculpture, or past and present are arraigned in pencil and graphite powder, in etched and chased zinc and brass. Or simply a woman walking round the city of Zurich or the ancient walls of Piacenza, a personal archive of elements from the past and the present.

In a somer seson, whan softe was the Sonne, I awoke from a dream in which I was working in a medieval petrol station. Such dreams! And now, a fair field full of folk, working and wandering as the world asks, and all that sprayed paint and hammered metal might medecine thee to that sweet sleep, the sleep of Yesterday... Night will glide across the open country and along the Via Milano. Interest rates might rise, scales might fall from our eyes. Sleep may come, like a wash of colour.

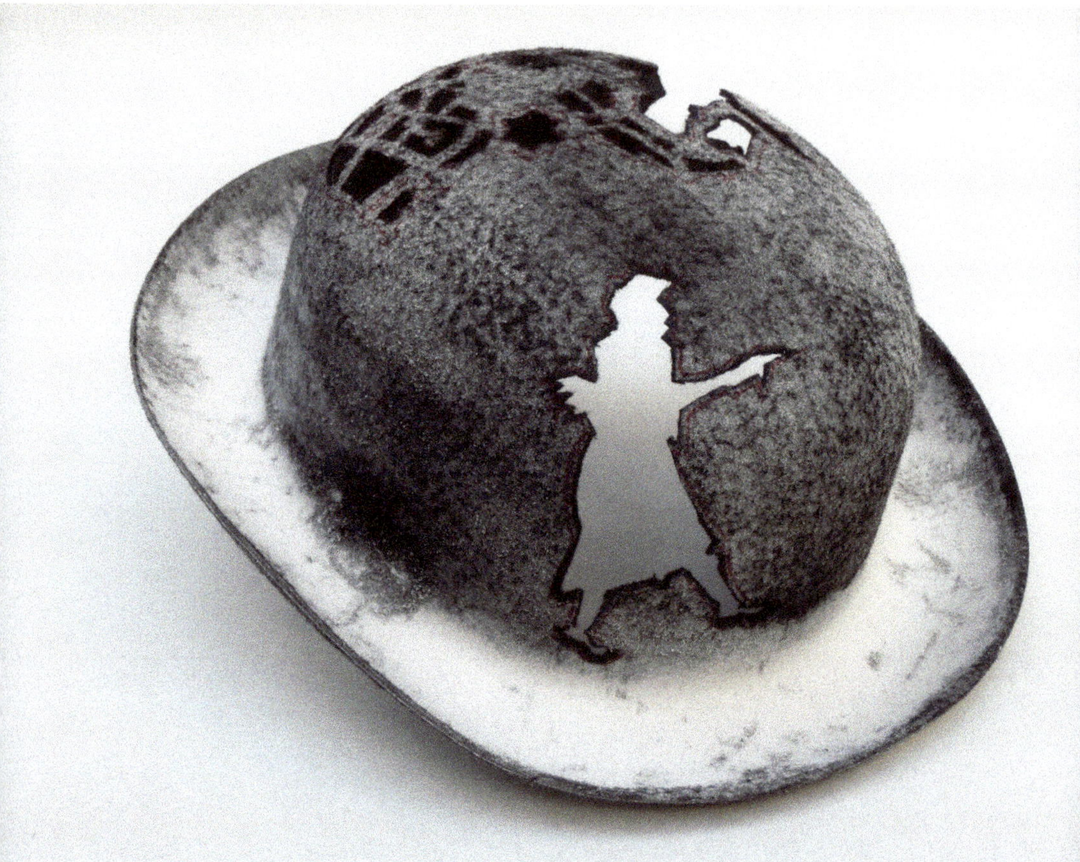

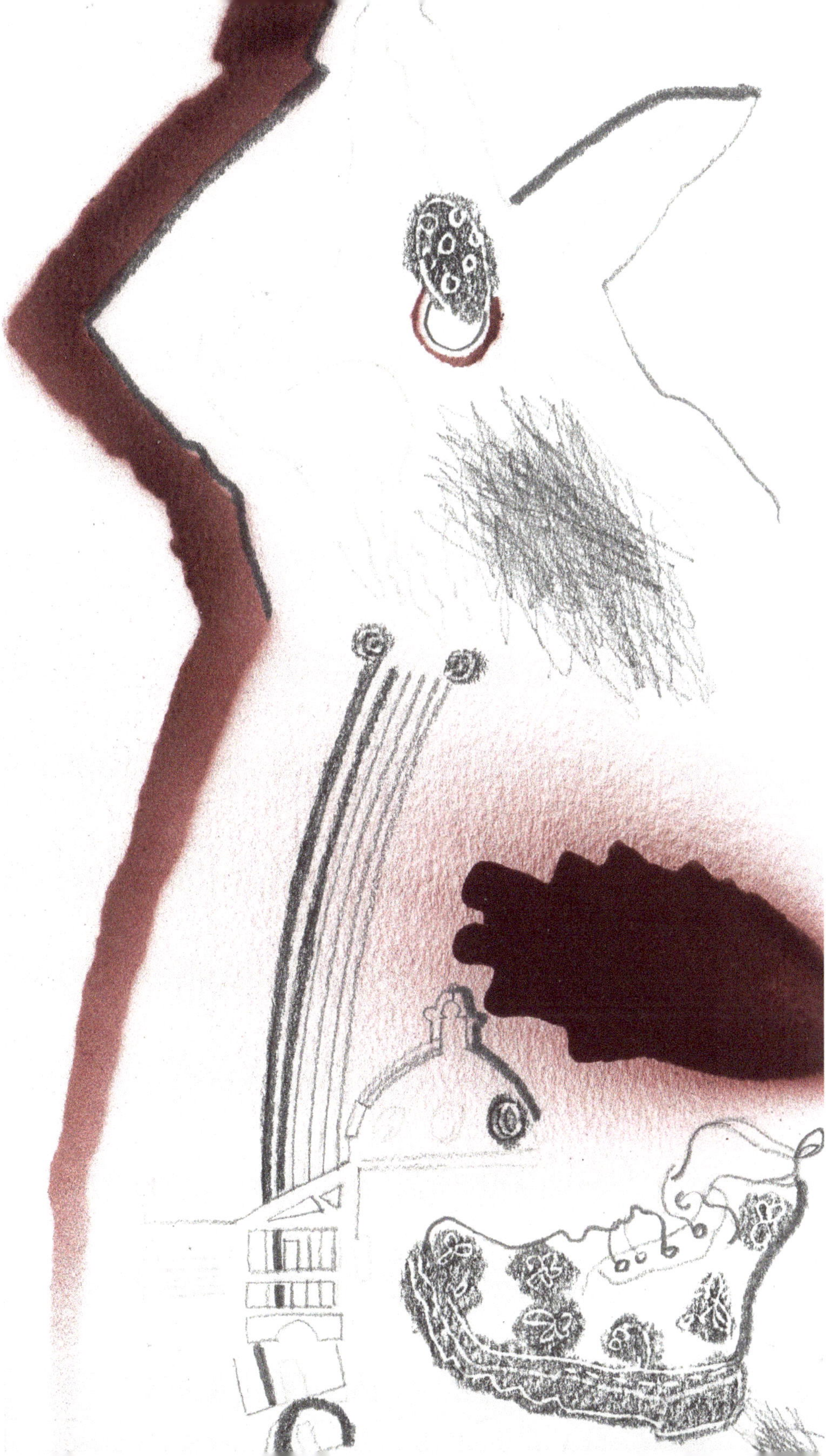

Early one morning just as the sun was rising, I heard a young maid sing in the valley below. On this walk you might encounter your true love, or a seducer, or perhaps a long lost lover returned from fighting abroad for seven weary years. You might encounter the Devil, who you could outwit, or Death, who you couldn't. But at last, she said, the ash tree is in leaf and takes its place as a green presence in a row of green presences across the park. A tapestry of Aprill with his shoures soote, his flowers wite and rede. Maps and plans; the cartography of desire mediated through a collagic dream. Oh, Gay is the garland and fresh are the roses I've culled from the garden to place upon thy brow.

It was now the hour when the thoughts of seafarers turn back, and their hearts melt, on the day when they have said goodbye to their sweet friends. All people have stories, the comprehensive meta-narratives that give framework and context to their lives. With my guide I wandered by coloured silhouettes and exotic birds through a multi-dimensional landscape composed from a waxy acid-resist, known as a ground, applied to a metal plate. And magically, the rain still in thunderous downpours was followed by sun and light so clear the world was hard to bear. All the invisible cities combine to one city, mapped by memory, existing in a continuous present. The woman invents the city with a look. The plate heats up, the ground is applied, the etching plate is removed and allowed to cool which hardens the ground. The market stalls unroll their canvas, and the street fills with orange pigment.

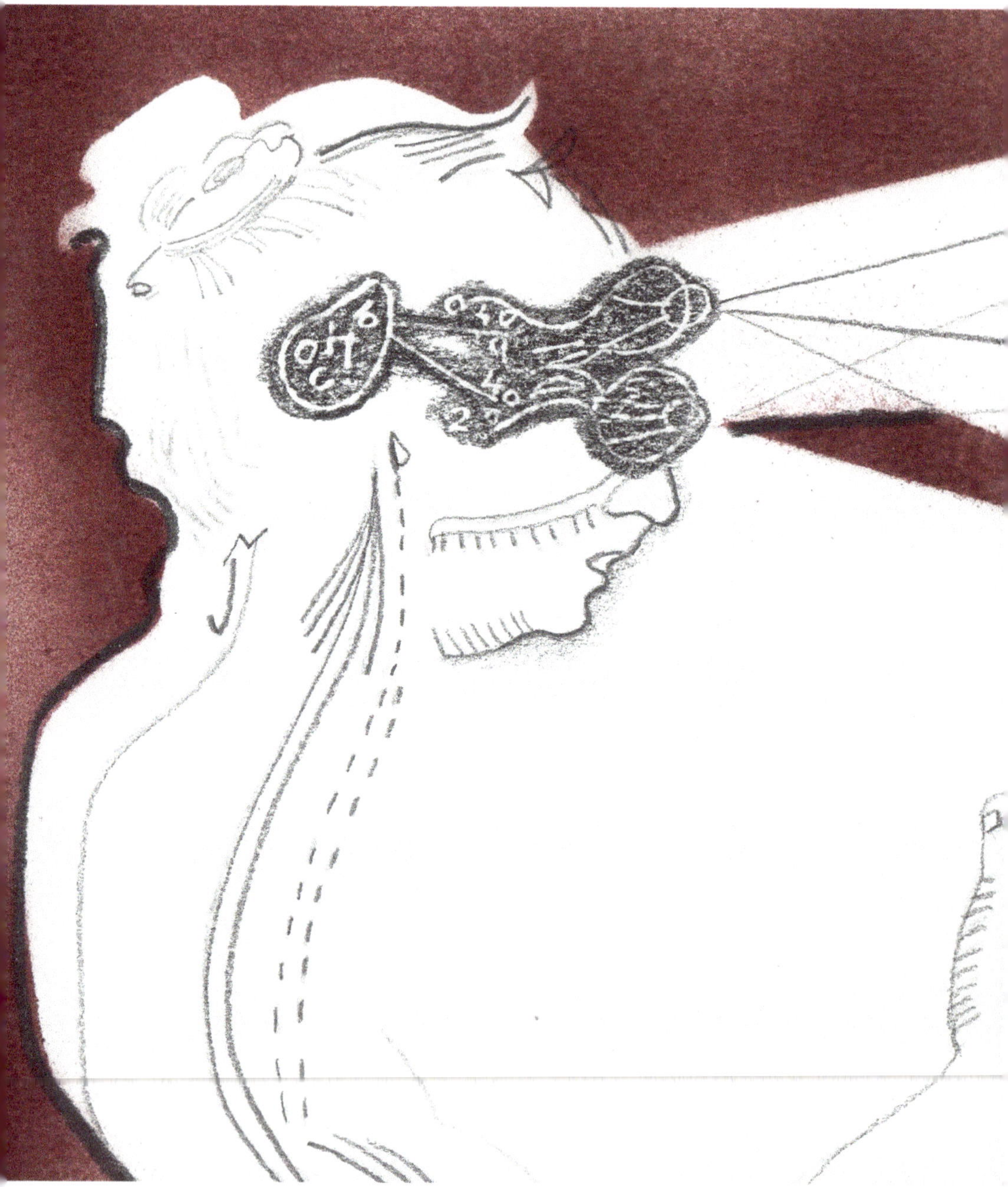

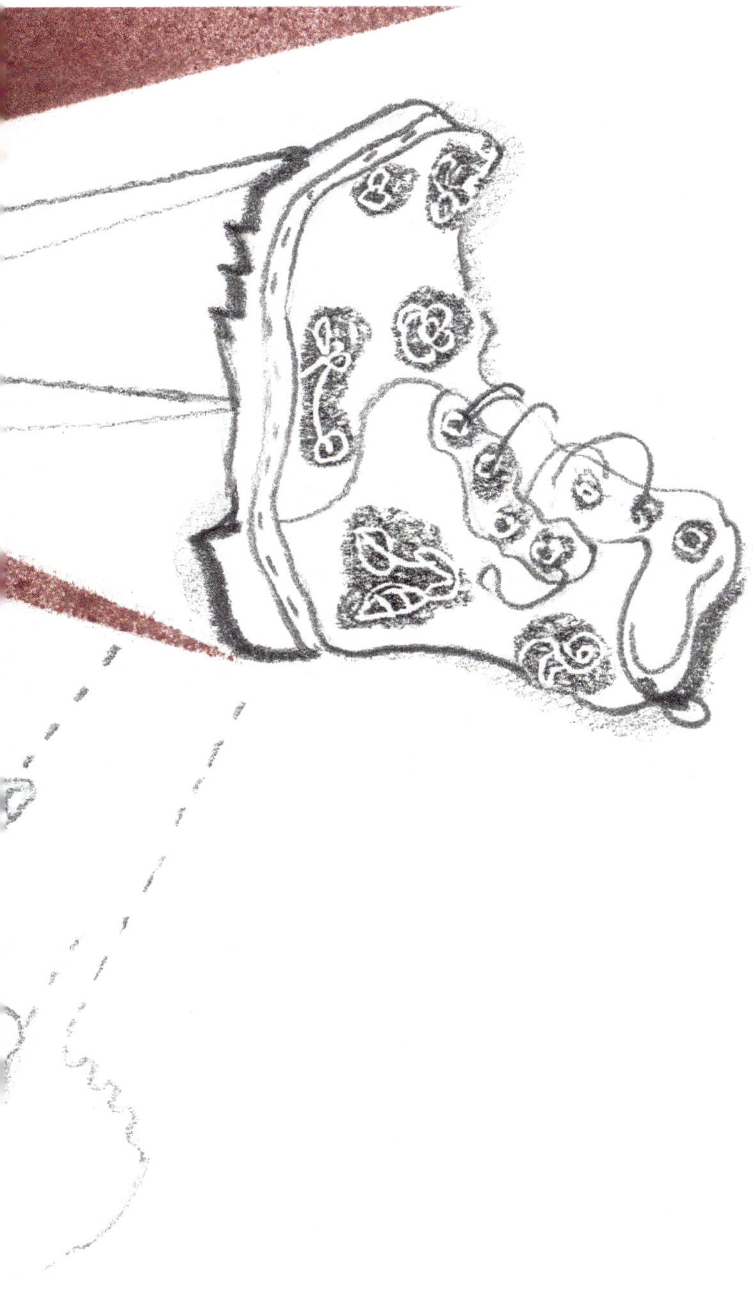

When a man rides a long time through wild regions, he feels the desire for a city. And yet I have constructed in my mind a model city, from which all possible cities can be deduced. A city of exotic finches circling at the edge of consciousness. As for the Old Town this has some characterful shops, but, more importantly, some priceless arcades, which are one of its hidden gems. They have lovely little cafés and patisseries, and shops for stamp collectors and enthusiasts of tobacco. There's a quayside under Jiráskův Bridge which serves cheap local beer and food, and has folk musicians waiting in attendance. Although at first glance the graffiti-like scribbles and scratches on the quay might resemble art made by a naughty child of Jackson Pollock, it is nothing of the kind. Herein lies the mystery, and it is to this we make our way, in the light before dawn, through the silent streets, to watch in awe the fleshy pinks and ovoid forms. And so to breakfast.

As I set out one morning, the grass was very blue, the arms of the augmented summer held me in their zinc embrace. I wondered where the past lives of all those others had gone, whether they had melted into the fabric of the city, weaving their stories into the stones of the Duomo, the song of the street sweeper or the electrical hum of the cables slung chaotically above the labyrinthine alleys of the poor districts. I wondered whether their souls had been transmigrated into that monotonous music emanating from the cafés of The Galleria, whose melancholic air reminds me of the scene from an Ingmar Bergman film, where a Knight, returned home from the Crusades, plays a long game of chess with Death on a lonely Scandinavian seashore.

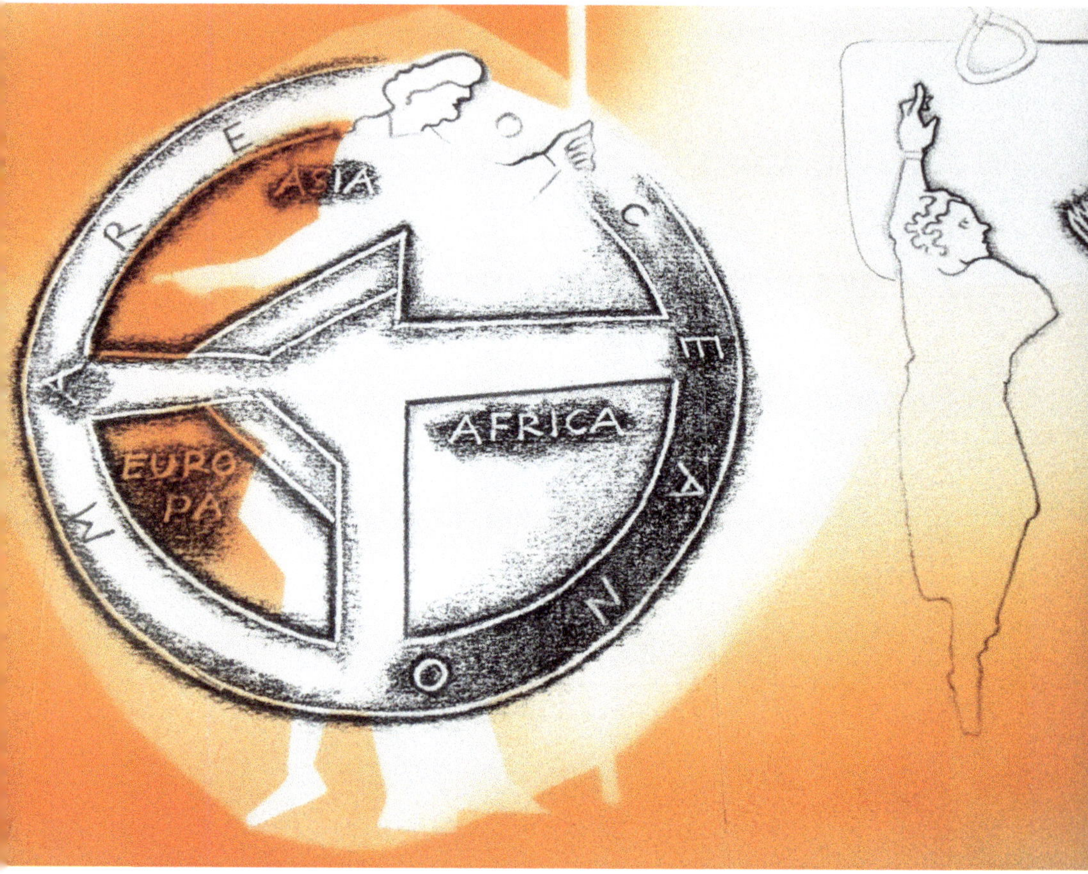
ASIA
AFRICA
EURO
PA

In a rented room in the heart of the city through a long morning dispossessed but filled with clarity, he watches the radiant insect flutter at the window. And suddenly I remembered a stone carving I made at the end of the 80s called "Germ of an idea"; it was an intricately carved piece of cream-coloured limestone with a small piece of smooth orange limestone that I managed to fit inside it. It took me back to a childhood memory of a coal fire on a winter's night in a far suburb of the city. But I can never get back to that place, not because the city is non-existent. The city exists but it has a simple secret: it knows only departures, never returns.

“Early One morning” refers to the following texts:

"The Drawing Center, (www.thedrawingcenter.org) Viewing Program, Artist Registry – Artist's Statement by Rebecca Forster"

Traditional English folk songs "The Banks of the Sweet Primroses", "Early One Morning" and "Death and the Lady"

"As I Went Out One Morning", Bob Dylan

“Purgatorio”, Canto VIII, Dante, translation by A.S. Kline

Introduction to "The Power of Narrative", Experiential Workshop 3 (http://www.studioupstairs.org.uk/)

Wikipedia entry on "Zinc Etching"

Trip Advisor reviews of "Naples Italy Prestige"

"Invisible cities", Italo Calvino

“Piers Plowman” Prologue, William Langland

“Othello”, William Shakespeare

“The General Prologue to the Canterbury Tales”, Geoffrey Chaucer

"Infinite City: A San Francisco Atlas", Rebecca Solnit (referring to the poet John Wieners)

Emails from Rebecca Forster

The English folk singer Shirley Collins, sleeve notes to her album "Lodestar"

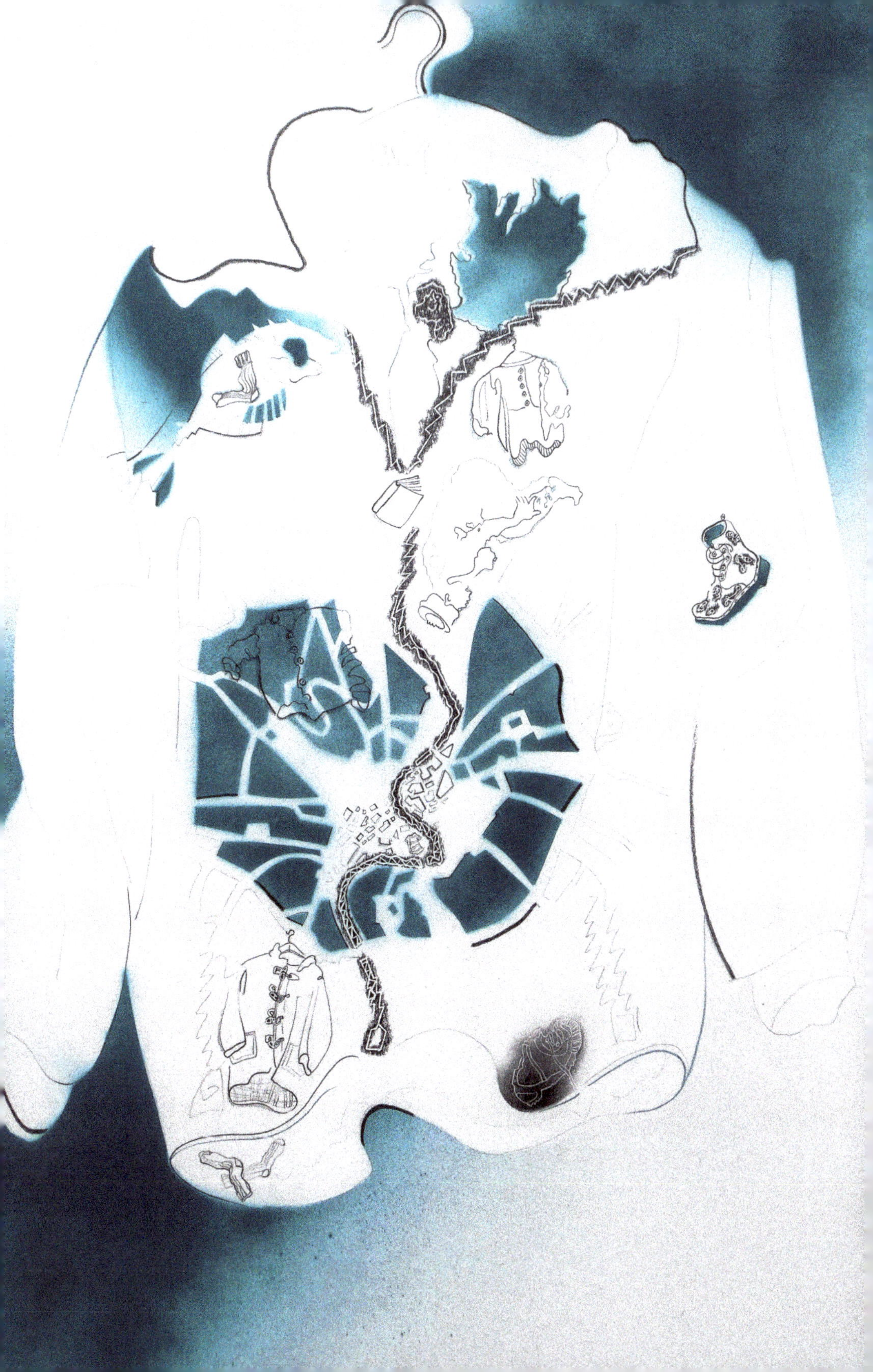

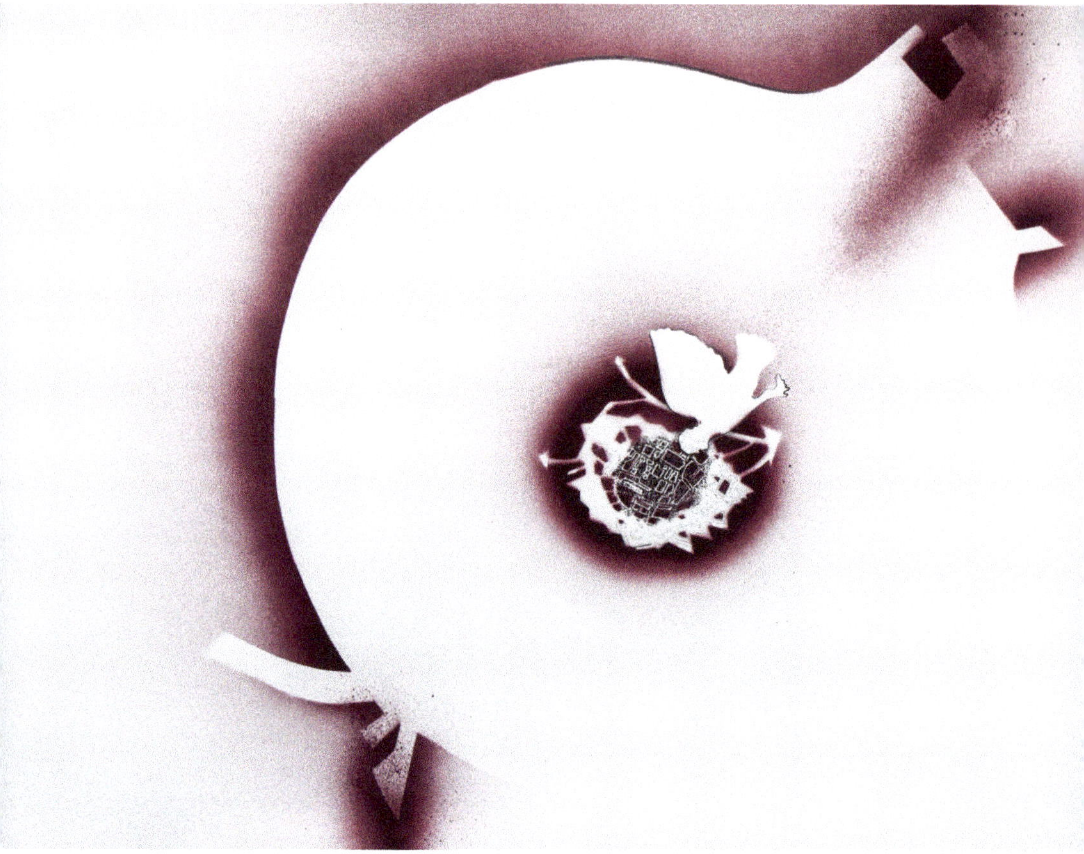

UNA MATTINA PRESTO

Un accompagnamento al lavoro di Rebecca Forster

Quando mi sono messo in cammino una mattina di maggio, sapevo che una dea terrestre, una Beatrice tatuata, poteva essere la mia guida. Abbiamo amato tanto i vicoli nascosti che portavano alla stazione dei treni e lì davanti abbiamo mangiato le pizze migliori che avessimo mai provato. Ma oh, quell'arpia! Ci ha guidato tra la Perduta Gente, verso i luoghi che avrebbero sicuramente invalidato la nostra assicurazione di viaggio. La città era sporca, rifiuti dappertutto. Graffiti ovunque, anche sulle rovine che hanno più di 2000 anni. Un luogo che disorienta, in cui è difficile navigare... Che delusione! Evitate questa città, se potete! Eppure, tra le tecniche complesse del collage, l'ottone inciso e battuto, troviamo un percorso sotto le strade. I chiostri interni rivelano i resti di un'antica dimora romana, una sezione delle mura originarie della città e una torre poligonale medievale. Vasi greci! Anelli d'oro del medioevo! Lasciate la vostra recensione su Trip Advisor. E svegliatevi nel vostro Airbnb alle grida degli ambulanti e al suono dei martelli sul metallo che arrivano dalla strada.

Quando sono uscito una mattina, ho visto disegni e sculture in carta, un palinsesto che prende spunto da una mappa arcaica della Polis. All'interno delle mura il cartografo sta usando acri di carta, laghi d'inchiostro per mostrarci biblioteche colme di un mondo scritto. Dove ci porteranno le mappe, a quali livelli di elevazione e di valli sottostanti, aperte all'invasione del blu, quali silenzi potrebbero contenere domande e risposte della gente, chi può dirlo? La conversazione del non-umano e la lassitudine dei venti sono qui. Lei ci offre mappe, storie e modi per aver bisogno dei morti. Guardate fuori: il vapore sta salendo dalle tegole mentre la brina si scoglie al sole. Una figura di un vaso greco, con una mappa in mano, è alla caccia della pasta di Nadia, del sito romano, di una chiesa romanica o di una tazza di caffè.

Un uccello da preda col volto di donna. Guardatelo! Lei è lo spirito di improvvise, taglienti raffiche di vento e di sparizioni misteriose. Parla e parla di niente ancora una volta! Lei insisterà a narrare la propria storia e quella della sua razza. Un giorno, quando il mare ci ha offerto un pesce di strani colori e dimensioni, lei sapeva che il mondo non sarebbe mai più stato lo stesso. E così è successo. All'inizio c'era la brina, soffice e reale nella nebbia, che ha gelato i passeri sui rami e bloccato la città in una griglia spettrale. In inverno mi sento più unito all'universo. Per favore, datemi una casa in cui possa contenere l'universo stesso. Costruitela con la carta, lo zinco, la pittura spray e la matita. Popolatela di fantasmi amichevoli e distanze infinite.

Quando mi sono avviato una mattina di mezza estate a osservare i campi e prendere aria, chi incontro? Un'arpia medievale, un disegno di Dürer, una mappa e un cappello. Si dice che i trovatori abbiano adattato le canzoni dei menestrelli arabi dell'Africa del Nord e della Spagna moresca e che da loro abbiano appreso la bellezza della lingua comune, *vulgari eloquentia*, parlata dal capraio e dal re. E improvvisamente un foglio di carta da disegno tagliato e piegato diventa una scultura, o il passato e il presente sono investigati con la matita e la polvere di grafite, oppure in zinco o ottone inciso e cesellato. O semplicemente una donna che cammina per la città di Zurigo o intorno alle vecchie mura di Piacenza, un archivio personale di elementi del passato e del presente.

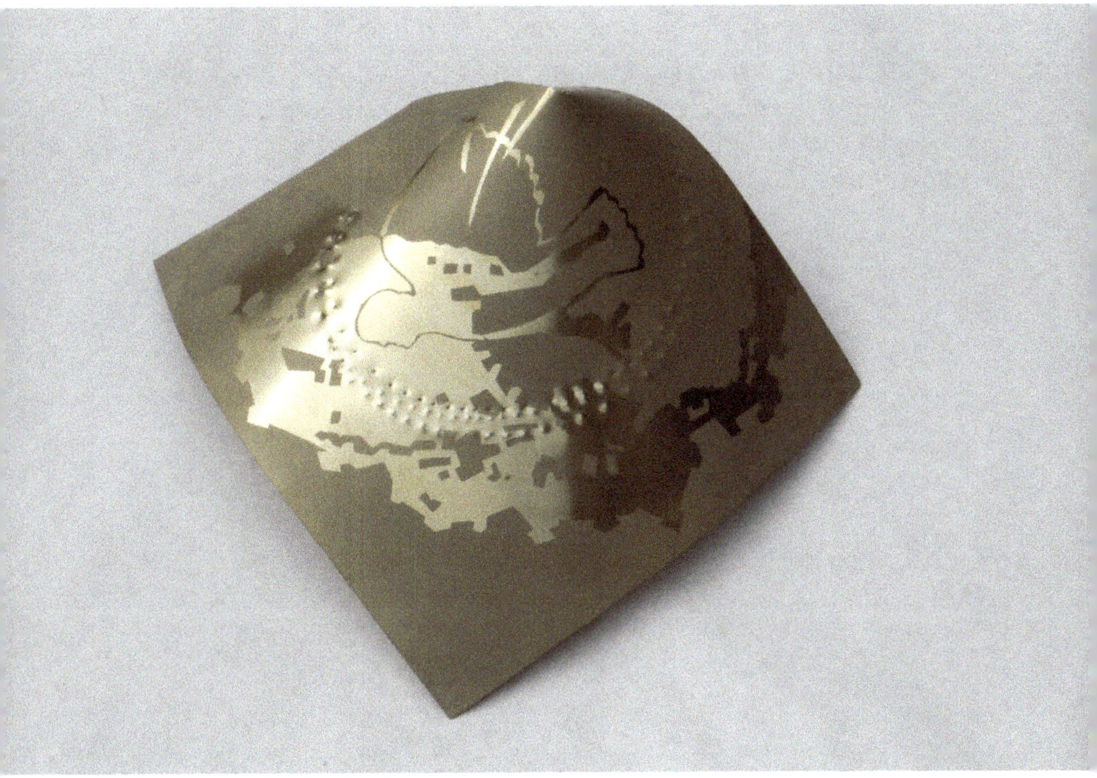

In estate, quando la Sonne correva dolcemente, mi sono svegliata da un sogno in cui lavoravo da un benzinaio medievale. Che sogni! E ora, un bel campo pieno di persone, che lavoravano o vagabondavano come il mondo richiede e tutta quella vernice spray e il metallo martellato potrebbero essere medicina per indurti a quel sonno dolce, il sonno di ieri... La notte scivolerà attraverso l'aperta campagna e lungo la via Milano. I tasse di interesse potrebbero alzarsi, potrebbero cadere i veli dagli occhi. Il sonno vuole arrivare, come una distesa di colore.

Una mattina presto, al sorgere del sole, ho sentito una fanciulla cantare sotto, nella valle. Durante questa passeggiata potresti incontrare il tuo vero amore o un seduttore o forse un amore perduto da tempo, che ritorna dopo sette lunghi anni lontano a combattere. O potresti incontrare il Diavolo, ingannandolo, o la Morte che non puoi sconfiggere. Ma lei dice che finalmente il frassino ha le foglie e prende il suo posto di presenza verde in una fila di presenze verdi che attraversano il parco. Un arazzo d'aprile con le sue dolci piogge, i suoi fiori bianchi e rossi. Mappe e planimetrie; la cartografia del desiderio mediata attraverso un collage di sogni. Oh, come giocosa è la ghirlanda e fresche le rose colte nel giardino per agghindare la tua fronte.

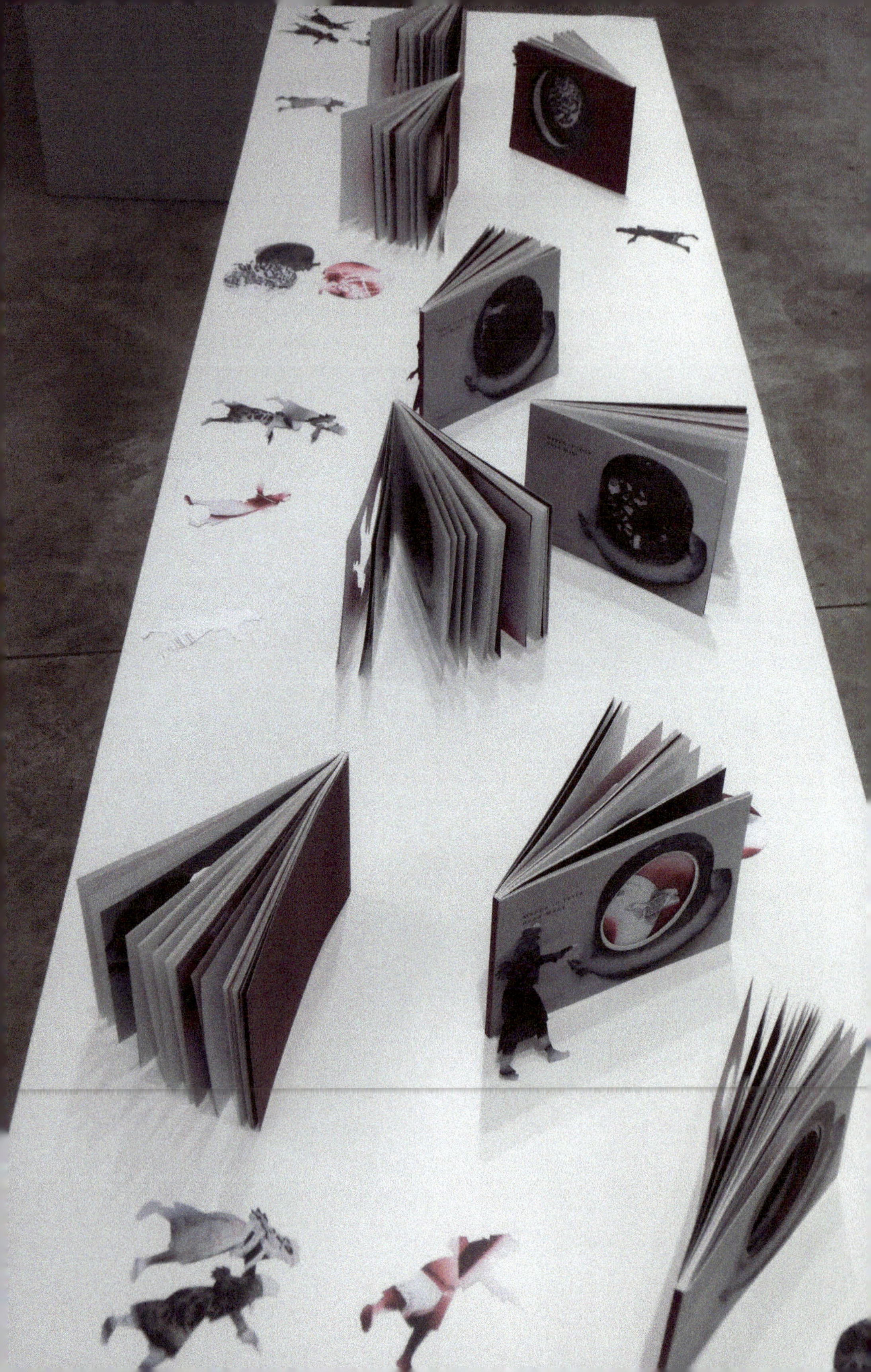

Era già l'ora che volge il disio ai navicanti e 'ntenerisce il core lo dì c' han detto ai dolci amici addio. Tutti hanno storie, le meta-narrative complesse che danno struttura e contesto alla loro vita. Con la mia guida ho vagabondato tra silhouettes colorate e uccelli esotici, attraverso un paesaggio multidimensionale, realizzato da una cera che resiste all'acido, inteso come fondo, steso su un lastro di metallo. E magicamente, la pioggia, ancora in tonanti acquazzoni, era seguita da un sole e da una luce così nitida che a fatica si poteva sopportare il mondo. Tutte le città invisibili si raggruppano in un'unica città, mappata dalla memoria, che esiste in un presente continuo. La donna inventa la città con uno sguardo. La lastra si riscalda, il fondo viene steso, la lastra d'incisione viene rimossa e lasciata a raffreddare, mentre il fondo s'indurisce. Le bancarelle del mercato srotolano le loro tele e la strada si riempie di pigmento arancione.

All'uomo, che cavalcava lungamente per terreni selvatici, viene il desiderio di una città. Eppure io ho costruito nella mia mente un modello di città, da cui dedurre tutte le città possibili. Una città di fringuelli esotici che volteggiano intorno ai bordi della consapevolezza. Per quel che riguarda la città vecchia, questa ha negozi, piena di carattere ma, più importante, ha portici preziosi che sono una delle sue gemme nascoste. Hanno piccoli caffè e belle pasticcerie e negozi per collezionisti di francobolli e per appassionati di tabacco. Sulle rive, sotto il ponte Jiráskův, servono cibo economico e birre locali e ci sono musicisti folk in attesa. Anche se a un primo sguardo gli scarabocchi e i segni, come graffiti sui muri delle rive, potrebbero assomigliare ai lavori di un figlio disobbediente di Jackson Pollock, non è nulla del genere. In tutto ciò vive il mistero ed è qui che noi ci indirizziamo, nella luce prima dell'alba, attraversando strade silenziose, per guardare meravigliati sui muri dei rosa carnosi e delle forme ovoidali. E ora la prima colazione.

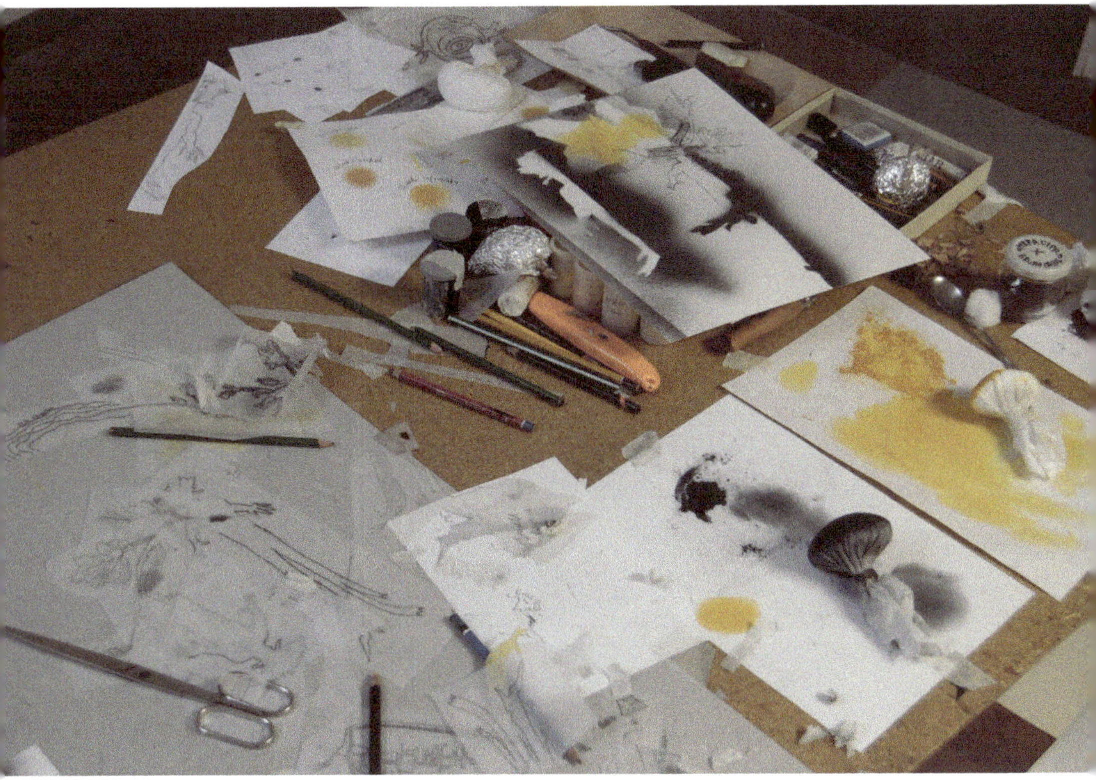

Quando mi sono mosso un mattino, l'erba era veramente blu, le braccia dell'estate cresciuta mi hanno trattenuto nel loro abbraccio di zinco. Mi sono chiesto dove fossero andate tutte le vite passate degli altri, se si fossero sciolte nella fabbrica della città, intrecciando le loro storie con le pietre del Duomo, la canzone dello spazzino o il ronzio elettrico dei cavi tesi in modo caotico sopra i vicoli labirintici dei quartieri poveri. Mi sono chiesto se le loro anime fossero trasmigrate nella musica monotona che emana dai caffè della Galleria, atmosfera melanconica che mi ricorda una scena di un film di Ingmar Bergman, in cui un cavaliere, tornato a casa dalle crociate, gioca una lunga partita a scacchi con la Morte su na spiaggia solitaria in Scandinavia.

In una stanza affittata nel cuore della città, durante una lunga mattina spossata, ma piena di chiarezza, lui guarda l'insetto gioioso che svolazza alla finestra. E di colpo mi ricordo di una scultura in pietra che ho realizzato alla fine degli anni Ottanta, intitolata "Germe di un'idea"; un pezzo di arenaria color panna scolpito in modo complesso e "intricato", con un piccolo pezzo di arenaria arancione levigato che mi è riuscito di incastrare all'interno. Mi ha riportato a un ricordo d'infanzia, un fuoco di carbone nel camino in una notte d'inverno, in un sobborgo lontano della città. Ma non posso mai tornare in quel luogo, non perché la città non esista più; la città esiste e ha un semplice segreto: conosce solo partenze e mai ritorni.

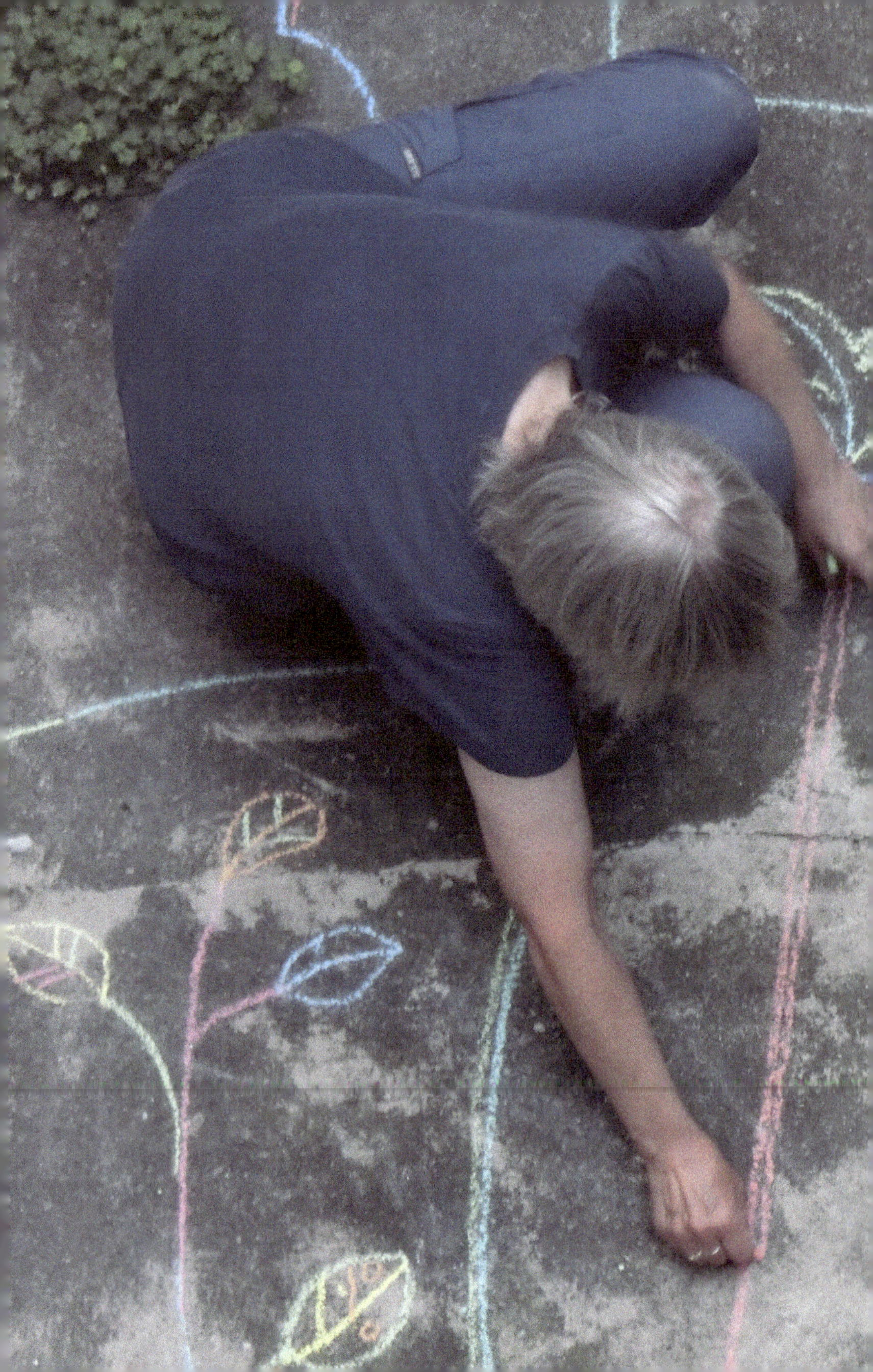

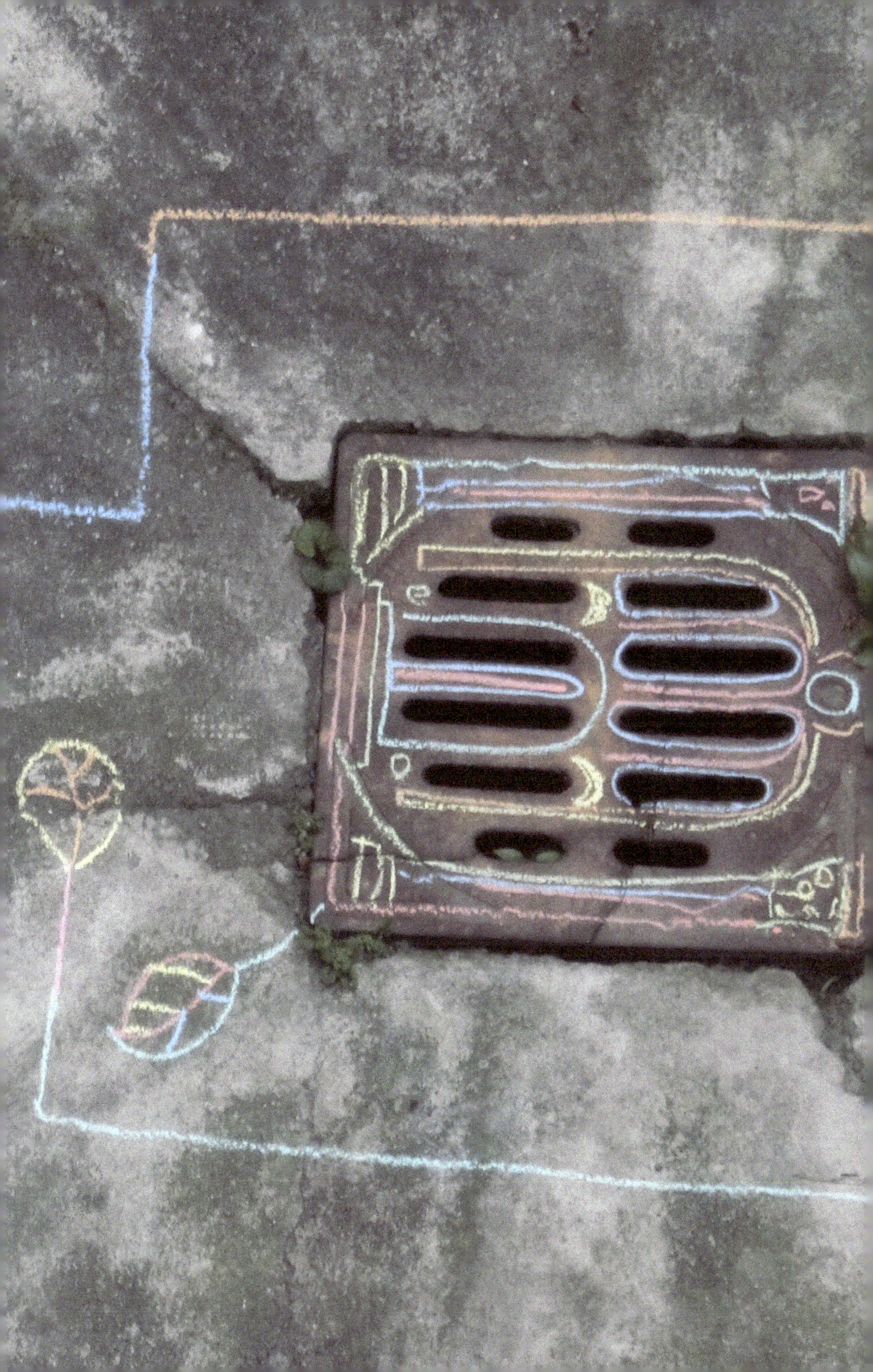

“Una mattina presto” fa riferimento ai seguenti testi:

"The Drawing Center, (www.thedrawingcenter.org) Viewing Program, Artist Registry – Artist's Statement by Rebecca Forster".

Canzoni folk inglesi tradizionali: "The Banks of the Sweet Primroses", "Early One Morning" e "Death and the Lady".

"As I Went Out One Morning", Bob Dylan.

“Purgatorio”, Canto VIII, Dante.

Introduzione a "The Power of Narrative", Experiential Workshop 3 (http://www.studioupstairs.org.uk/)

Wikipedia, voce: “Incisione su zinco”.

Trip Advisor recensioni, "Naples Italy Prestige".

"Le città invisibili", Italo Calvino.

“Piers Plowman”, “Prologo”, William Langland.

“Otello”, William Shakespeare.

“The General Prologue to the Canterbury Tales”, Geoffrey Chaucer.

"Infinite City: A San Francisco Atlas", Rebecca Solnit (con riferimenti al poeta John Wieners).

Emails di Rebecca Forster.

Note di copertina dell’album “Lodestar” della cantante folk inglese Shirley Collins.

Alan Baker was born in Newcastle-upon-Tyne, England in 1958 and now lives in Nottingham. He has published many collections of poetry, including "Letters from the Underworld" (Red Ceilings, UK, 2018) and "A Journal of Enlightened Panic" (Shoestring, UK, 2020). He has translated from French the poetry of Yves Bonnefoy and Abdellatif Laâbi.

Born in St. Albans, England in 1960, **Rebecca Forster** has travelled widely in making her drawings and sculptures, based on maps, archaeology, architecture, literature, life elsewhere. Exhibited extensively in solo and group shows, her work echoes the cities and countries she has explored, including Verona, Piacenza, Zurich and New York, and Cyprus, Greece and particularly Italy, where she has lived and worked in Milan for many years.

Alan Baker è nato a Newcastle-Upon-Tyne in Gran Bretagna, nel 1958 e vive a Nottingham. Ha pubblicato molte raccolte di poesie, incluse "Letters from the Underworld" (Red Ceilings, New Mills, UK, 2018) e "A Journal of Enlightened Panic" (Shoestring, Nottingham, UK, 2020). Ha tradotto dal francese le poesie di Yves Bonnefoy e Abdellatif Laâbi.

Nata a St. Albans, Gran Bretagna, nel 1960, **Rebecca Forster** ha sviluppato la sua produzione artistica, soprattutto disegni e sculture, in parallelo all'itinerario geografico dei suoi numerosi viaggi. Il suo lavoro attinge a mappe, reminiscenze archeologiche, architettoniche e letterarie filtrate dai suoi ricordi di vita. Le sue opera, esposte in varie mostre personali e collettive, richiamano le città e i paesi che ha esplorato, inclusi Verona, Piacenza, Zurigo e New York, Cipro, la Grecia e in particolare l'Italia. Ha vissuto e lavorato per molti anni a Milano.

List of Artworks

Cover:
Swooping on the City (detail)
pencil and spray paint
70 x 100 cm.
2017

p. 6
Zinc Bubble Map (detail)
etched and chased zinc
50 x 65 cm.
2010

p. 10-11
Milan Waterways
pencil and spray paint
20 x 25 cm.
2014

p. 14
Round the City
(from the series *Head Maps*)
Polyester, spray paint and red felt-pen
25 x 30 x 13 cm.
2017

p. 15
Resilient Flower
(from the series *Red Lightening-Strike*)
pencil and spray paint
27 x 15 cm.
2021

p. 18-19
Eyes on the shoe!
(from the series *Red Lightening-Strike*)
pencil and spray paint
15 x 27 cm.
2021

p.22
Travelling on the 61 bus (detail)
pencil and spray paint
variable dimensions: from book closed 20 x 14 cm,
to completely open 20 x 78 cm.
2013

p. 25
Heading for Berlin
(from the series *Wanted: Giant*)
pencil, spray paint, graphite powder
102 x 72 cm.
2022

p. 26
Swooping on the City
pencil and spray paint
70 x 100 cm.
2017

p. 31
Swooping on the City
etched brass
29 x 32 x 15 cm.
2017

p. 34
Walking through Books
Cut catalogues,
as exhibited in Showroom Lualdi, Milan
2018

p. 37
Mandrake and Courgette Flowers
work in progress
2014

p. 40-41
Labyrinth
drawn in chalks in the courtyard
in via Archimede 76, Milan
4 x 4.5 m.
2020

Elenco delle opere

In copertina:
Piombare sulla città (particolare)
matita e vernice spray
cm. 70 x 100
2017

p. 6
Mappa delle bolle di zinco (particolare)
zinco inciso e cesellato
cm. 50 x 65
2010

p. 10-11
Vie d'acqua di Milano
cm. 20 x 25
matita e vernice spray
2014

p. 14
Intorno alla città
(dalla serie *Mappe in testa*)
Poliestere, vernice spray, pennarello rosso
cm. 25 x 30 x 13
2017

p. 15
Fiore resiliente
(dalla serie *Saetta rossa*)
matita e vernice spray
cm. 27 x 15
2021

p. 18-19
Occhio alla scarpa!
(dalla serie *Saetta rossa*)
matita e vernice spray
cm. 15 x 27
2021

p. 22
Viaggiare sul bus 61 (particolare)
matita e vernice spray
dimensioni variabili: da libro chiuso cm. 20 x 14
a completamente aperto cm. 20 x 78
2013

p. 25
Puntando su Berlino
(dalla serie *Gigante cercasi*)
matita, vernice spray, polvere di grafite
cm. 102 x 72
2022

p. 26
Piombare sulla città
matita e vernice spray
cm. 70 x 100
2017

p. 31
Piombare sulla città
ottone inciso
cm. 29 x 32 x15
2017

p. 34
Camminare nei libri
Cataloghi ritagliati
Allestimento nello Showroom Lualdi, Milano
2018

p. 37
Mandragora e i fiori di zucchine
work in progress
2014

p. 40-41
Labirinto
disegnato in gessetti nel cortile
in via Archimede 76, Milano
m. 4 x 4.5
2020

Milton Keynes UK
Ingram Content Group UK Ltd.
UKHW020252111023
430303UK00010B/61

9 781739 721398